AF362436

LETTRE

D'UN

HORLOGER ANGLOIS

A UN

ASTRONOME DE PEKIN.

Traduite par M. * * *

Année 1740.

LETTRE
D'UN HORLOGER ANGLOIS
A UN ASTRONOME DE PEKIN.

I.

D'un Instrument qui a de grands usages dans le Physique & dans le Moral.

L'EXPERIENCE des Pendules, qui retardent lorsqu'on les transporte vers l'Equateur, prouve selon le Chevalier Isaac Newton, & selon la raison, que la Terre est applatie vers les Poles.

A ij   Une

Une autre utilité plus grande encore qu'on peut tirer des Pendules, c'eſt que ſi l'on y regardoit bien, à chaque choſe qu'on fait ou qu'on dit, on verroit qu'il n'eſt preſque jamais l'heure de dire ce qu'on dit, ni de faire ce qu'on fait.

Si par exemple M. Caſſini avoît bien pris garde au jour & à l'heure, lorſqu'il lût ſon Mémoire ſur la figure de la Terre dans l'Aſſemblée publique de l'Académie des Sciences, il auroit vû qu'il ne pouvoit rien faire de plus mal à propos. Si je prouve ce que j'avance ici, M. Caſſini & M. de Mairan ne ſoutiendront plus, comme ils ont toujours fait,

que

que les Pendules ne fervent de rien
pour la Queftion de la figure de la
Terre. M. Caffini , lût le 27. Avril
1740. à quatre heures après midi un
Ecrit dans lequel il prouva que la
Terre eft applatie ; d'où il fuit que
lui, fon pere , & fon grand-pere , fe
font trompés dans fix mefures qu'ils
ont faites depuis 1700. jufqu'en
1736. Or je demande fi c'étoit là le
jour & l'heure de lire ce Mémoire ?
& s'il n'a pas été lû quarante ans trop
tard ?

Je prouverois de même que lorfque M. Caffini ou fes Partifans ont
attaqué avec amertume & ironie , un
Auteur de notre Ifle qui n'eft pas de
leur

leur ſentiment ſur la figure de la Terre , il n'y avoit rien de ſi mal à propos.

Je pourrois parcourir tous les autres Ouvrages de Mrs. Caſſini ſur cette matiére , & faire voir qu'aux tems
où ils les ont faits , ils devoient plu-
tôt faire tout autre choſe. Mais j'aime
mieux vous raconter une Hiſtoire.

I I.

*Hiſtoire d'un Caliphe de Babylone
grand Protecteur des Sciences.*

LE Caliphe Almamon étoit un
très-grand Prince : ſi grand qu'il
voulut ſçavoir comment la Terre
étoit

étoit faite. Comme il n'y avoit point de Pendules de fon tems , il n'y fçut que de la faire mefurer. Ses deux plus fçavans Mathématiciens furent chargés de cette Opération : l'un rapporta que la Terre avoit la figure d'une Datte , & l'autre la figure d'un Oignon.

Le Caliphe qui étoit un Prince fort éclairé vit auffi-tôt qu'il étoit impoffible que la Terre eût à la fois ces deux figures. Mais quoiqu'il fe doutât qu'il étoit trompé par l'un ou par l'autre de fes Aftronomes , il ne put jamais découvrir lequel étoit le coupable.

Ainfi on ne fçut pas plus qu'auparavant

ravant quelle étoit la figure de la
Terre : & cette queſtion étoit reſtée
indéciſe juſqu'à ces jours paſſés.

III.

Hiſtoire des grandes choſes qu'on a
fait en France pour déterminer
la figure de la Terre.

LE Roi Louis XIV. faiſoit fleu-
rir dans ſon Royaume les Arts &
les Sciences. Il fonda dans ſa Capi-
tale une Académie qui ſubſiſte encore ; & ſes Miniſtres avoient ſoin
d'y attirer les hommes les plus ſça-
vans de l'Europe.

Comme toutes leurs vues ſe tour-
noient

noient du côté de l'utilité publique,
ils virent bientôt que la chofe la plus
importante dont ils puffent charger
l'Académie, c'étoit de déterminer la
grandeur & la figure de la Terre, fur
quoi eft fondée toute la Géographie,
& fans lefquelles on ne peut navi-
guer avec fûreté.

En 1701. M. Jean-Dominique Caffini acheva fa premiere mefure, &
trouva que LA TERRE ESTOIT AL-
LONGÉE VERS LES POLES.

Tous ceux qui fçavoient un peu
de Mathematiques furent fort furpris
que ce fçavant Aftronome eût trouvé à la Terre une figure que M. le
Chevalier Newton avoit fait voir

B

incom-

incompatible avec les Expériences des Pendules. Les Mathématiciens François firent grand cas de cette découverte, dont les autres se moque-rent.

En 1713. M. Jacques Caſſini fit de nouvelles Obſervations, & trouva la Terre allongée comme ſon pere.

En 1718. M. Jacques Caſſini fit une troiſiéme meſure ; & trouva une troiſiéme fois la Terre allongée.

En 1733. le même M. Jacques Caſſini remeſura, & retrouva la Ter-re allongée.

En 1734. Une nouvelle meſure de M. Caſſini lui redonna la Terre al-longée.

En

Enfin en 1736. M. Caſſini de Thu-
ry retrouva pour la ſixiéme fois la
Terre allongée comme ſon pere &
ſon grand-pere.

I V.

Autre Inſtrument fort ſimple dont on devoit ſe ſervir pour découvrir la figure de la Terre.

SI l'on examine le nombre de ces
Opérations , qui ſe confirment
toutes , & l'air d'exactitude qui ſe
trouve dans le détail que Mrs. Caſſini
en ont donné ; ſi l'on examine la magnificence avec laquelle le Miniſtere
de France avoit pourvû à tout ce qui

B ij   pouvoit

pouvoit rendre ces Opérations écla-
tantes ; la grandeur & la juftefſe des
Inftruments dont Mrs. Caſſini ſe font
ſervi , & toute la dépenſe que la figure de la Terre a couté, on aura peine
à croire qu'on eût pû décider beaucoup mieux cette Queftion avec
des Inftruments auſſi ſimples & des
moyens auſſi faciles que ceux que je
vais propoſer ; & je permets d'en
douter juſqu'à ce que je l'aye prouvé.

Je dis qu'il falloit que Mrs. Caſſini
au lieu de ces Quarts-de-Cercle divi-
ſés avec tant de travail , & de ces
Secteurs de 10. pieds de rayon dont
ils ſe font ſervi , fiſſent conftruire de
petits Cubes d'yvoire dont les faces
fuſſent

fuſſent le plus égales qu'il eût été poſſible , qu'au lieu des diviſions qu'on fait ſur les Limbes des Quarts-de-Cercle , ils fiſſent marquer ſur chacune des faces de ces Cubes , les nombres naturels 1 , 2 , 3 , 4 , 5 , 6 ; qu'ils fiſſent enſuite faire au Tour, ou autrement , un Cylindre de corne creux & fermé à l'un de ſes bouts : voilà tous les Inſtruments qui étoient néceſſaires. Et ſans avoir recours à Graham ni à Siſſon , il y a dans le Strand pluſieurs Ouvriers capables de les conſtruire.

Quant à la maniere de s'en ſervir, elle eſt auſſi facile que les Inſtru-ments ſont ſimples. Il n'y avoit qu'à

faire

faire rouler pendant quelque tems les petits Cubes dans le Cylindre , puis les jetter fur une table couverte d'un tapis vert ; ou même d'une autre couleur. Si les nombres que préfen-toient les Cubes formoient un nom-bre pair , la Terre étoit allongée , s'ils formoient un nombre impair, la Terre étoit applatie.

Il n'eft pas néceffaire de recourir aux propofitions d'Archimedes fur le Cube & le Cylindre , pour dé-montrer la jufteffe de cette Opéra-tion.

Mais pour faire voir l'avantage qu'elle a fur celles de Mrs. Caffini, il fuffit de confidérer qu'il y a au-

tant

tant de probabilité qu'elle eut donné la Terre applatie, qu'il y en a
qu'elle l'eût donné allongée : & que
par conséquent fi l'on eût répeté cette
Opération fix fois de fuite, comme
Mrs. Caffini ont fait la leur, on voit
par les Regles du Docteur Moivre,
qu'il y avoit à parier 63 contre 1,
que l'Opération n'auroit pas jetté
dans l'erreur fix fois de fuite, comme ont fait celles de Mrs. Caffini.

Outre le ridicule qu'un pareil Inftrument eut fait éviter aux Aftronomes qui ont été employés aux
Opérations qu'on a faites en France;
outre la dépenfe qu'il eut épargné
au Roy de France, l'Inftrument dont

nous

nous parlons, étant une fois fait, peut servir à plusieurs autres usages qu'à celui de découvrir la Figure de la Terre. Son utilité ne se borne pas aux choses de Physique, elle s'étend jusques dans le Moral; & la plûpart des questions les plus difficiles de toutes les Sciences seroient mieux décidées par le moyen de cet Instrument, qu'elles n'ont coutume de l'être.

V.

Etrange bévûë d'un Auteur célébre.

APRE'S vous avoir tenu l'efprit tendu par la defcription des Inftruments & par le détail d'une grande Opération , je veux vous confier un fecret qui vous demandera moins d'application , & qui vous donnera peut-être le dénouement de tous les malheurs des Opérations de Mrs. Caffini.

Si jufqu'ici je vous ai appris des chofes fort extraordinaires , ce qui me refte à vous dire ne vous le pa-

C   roîtra

roîtra pas moins. Croiriez-vous que quand le Roi L o u i s XIV. & ſes Miniſtres voulurent faire déterminer la figure de la Terre , les Mathémati- ciens qui étoient à la tête de l'Aca- démie des Sciences de Paris , ne ſça- voient pas de quoi il s'agiſſoit dans une affaire ſi importante & dont ils ont tant parlé ? Dire cela , eſt un ſi grand paradoxe, qu'il n'y a que les propres paroles des Auteurs qui le puiſſent prouver. Voici donc ce qu'on trouve dans l'Hiſtoire de l'A- cadémie.

On y parle de la découverte qu'a- voit faite M. Caſſini , que les degrés du Méridien alloient en décroiſſant

de

de l'Equateur vers le Pole ; & l'on dit.

» Mais en ſuppoſant comme il eſt
» fort vraiſemblable , que cette di-
» minution de la valeur terreſtre d'un
» degré continue toujours de l'Equa-
» teur vers le Pole , & en conſervant
» d'ailleurs les hypotheſes commu-
» nes , on voit d'abord qu'un Méri-
» dien doit être plus petit que l'E-
» quateur & par conſéquent que la
» Terre eſt un Globe applati vers les
» Poles.

» Nous avons dit dans l'Hiſtoire
» de 1700. que les différentes lon-
» gueurs du Pendule à ſecondes en
» différents climats , avoient déja fait
» donner cette même figure à la Ter-
C ij
» re,

» re, & ce feroit une grande gloire
» pour la Philofophie , qu'une con-
» féquence tirée d'un fi grand nom-
» bre de principes tout nouveaux ,
» fondée fur l'hypothefe Cartefienne
» de la pefanteur, & fur la fubtile
» Geométrie des forces centrales ,
» fe trouvât fi parfaitement d'accord
» avec une mefure actuelle & indu-
» bitable *.

Voilà M. de Fontenelle qui croyant
que les degrés du Méridien dimi-
nuent de l'Equateur vers le Pole , en
conclut que la Terre eft un Globe
applati , & qui pis eft , en donne la
raifon. C'eft-à-dire qu'il conclut tout

* *Hift. de l'Académie de 1701. pag 96. & 97.*

le

le contraire de ce qu'il devoit con-
clure , & de ce qui faute aux yeux de
tous les Géometres. Il eſt étonnant
qu'un homme qui a quelque teinture
de Geométrie fût dans une telle ignorance ſur ce qui eſt le fondement
de la détermination de la figure de la
Terre. S'il étoit vrai que les degrés
du Méridien diminuaſſent de l'Equateur vers le Pole , la Terre ſeroit in-
conteſtablement allongée , & tout
le monde ſeroit d'accord. C'eſt ici
que ce fameux Auteur au lieu de ſe
laiſſer conduire par ſa Geométrie, auroit bien mieux fait de ſe ſervir de
l'Inſtrument dont nous venons de
parler.

VI

V I.

Conjectures sur la cause des erreurs qu'on a commises dans la mesure des degrés.

ON ne peut guére sans injustice attribuer à M. de Fontenelle seul l'ignorance où on le voit ici ; il y a grande apparence que les Astronomes François raisonnoient comme lui sur le principe qui devoit faire décider la question de la figure de la Terre ; & que cet illustre Historien qui est l'Organe de l'Académie, ne parle ici que d'après ce que les Astronomes de cette Compagnie pensoient

penſoient ſur cette matiére. On trou‑
vera , à ce que nous diſons , plus
que la vraiſemblance , ſi on lit le
Mémoire de M. Caſſini , inſéré dans
le Recueil de la même année , aux
pages 180 & 181. On penſoit donc
que l'applatiſſement de la Terre exi‑
geoit que les degrés du Méridien
diminuaſſent de l'Equateur vers les
Poles.

Non ſeulement on croyoit cela ;
mais on croyoit encore, comme on
le voit par les paroles de M. de
Fontenelle , que c'étoit LA PESAN‑
TEUR CARTESIENNE qui donnoit à la
Terre la figure applatie. On ne dou‑
toit point que la Terre n'eût cette
figure ,

figure, & l'on croyoit que pour trouver par les mesures actuelles, qu'elle
l'avoit, il falloit trouver les degrés
plus petits de l'Equateur vers le Pole.
M. Caffini partit, mefura, & les
trouva.

Je vous laiffe à penfer fi l'envie
de trouver les degrés, comme on
croyoit que les expériences du Pendule & la pefanteur Cartéfienne les
faifoient, n'a point entraîné M.
Caffini dans cette première erreur.

Quant aux cinq autres Opérations
faites en 1713, 1718, 1733, 1734,
& 1736, qui ont toutes confirmé
la première, je vous laiffe à en porter tel jugement qu'il vous plaira.

Je

Je vous laiſſe à peſer ſi l'honneur de l'Aſtronomie , ou le reſpect qu'on doit aux Parents ne feroit point un motif aſſez puiſſant pour l'accord de ces cinq Opérations avec la premiére ; reſpect qui dans les ames bien nées eſt peut-être plus fort que ce qu'on doit à l'Etat & au Prince ; ſi même on le peut diſtinguer de ce qu'on doit au Prince & à l'Etat. Il faudroit du moins peſer lequel importe le plus pour le bien public, qu'on ſçache quelle eſt la figure de la Terre , ou que cette vénération qu'on doit à ſes Parents ſoit bien établie.

On pourroit faire voir combien

D

cette

cette vénération eſt utile, même pour les Sciences , par l'exemple de votre fameuſe Nation , dont toutes les loix & les uſages ſont fondés ſur le culte qu'elle rend aux Ancêtres ; & dont les Sciences , ont fait des progrès ſi rapides dans l'eſpace de ſept ou huit mille ans.

Pour le cas préſent il ſuffit dire , que ſi la découverte de la vraye fi-gure de la Terre , pouvoit ſauver la vie de ceux qui naviguent , l'accord des meſures ſauvoit l'honneur de ceux que les loix divines & humaines obligent de reſpecter. On peut en-core ajouter que la figure de la Terre n'étoit pas la ſeule Queſtion à exa-miner ,

miner, & que la figure que faiſoient dans le monde les Aſtronomes étoit auſſi intéreſſante.

Je ne veux point ici toucher à ces grandes Queſtions. D'autant plus que ſi j'avois une fois prouvé que Mrs. Caſſini ont bien fait de trouver ſix fois de ſuite la Terre allongée, je craindrois d'avoir trop de peine à prouver qu'en dernier lieu, dans la ſeptiéme Opération ils ont eu raiſon de rétraƈter toutes leurs meſures & de trouver la Terre applatie. Quoique cependant je ne croye pas im-poſſible d'expliquer tout cela. Mais nous nous interdiſons de lire dans les motifs qui ont fait agir Mrs. Caſ-

ſini,

fini, & nous nous bornons aux faits qui font connus de tout le monde. Je vais reprendre l'Hiſtoire de tout ce qui a été fait en France pour déterminer la figure de la Terre.

V I I.

Du peu de cas que les Rois font des Sçavants.

IL femble qu'après les ſix Opérations de Mrs. Caſſini qui avoient toutes donné la Terre allongée, les égards dûs à de ſi grands Aſtronomes devoient empêcher qu'on envoyât jamais d'autres Aſtronomes à l'Equateur & au Pole, au riſque de

démentir

démentir des chofes fi bien établies ,
& de deshonorer des gens qui avoient
été en fi grande eftime.

Mais les Rois regardent les Sçavants comme les Animaux de leur
Ménagerie ; ils veulent en avoir , fans
fe foucier de leur fatisfaction.

Un Miniftre plus éclairé que fes
Prédéceffeurs voulut avoir une certitude plus grande que celle qu'ils
avoient eue fur une Queftion qui in-
téreffoit la vie & la confervation des
hommes , & dont la décifion ren-
dant la Navigation plus fûre , ne
pouvoit manquer d'être utile à l'Etat.

Depuis trente - fix ans la France
s'applaudiffoit d'avoir feule appris à
toutes

toutes les autres Nations quelle étoit
la figure de la Terre qu'elles habi-
tent. Toute l'Hiſtoire de l'Académie
Royale de Paris étoit pleine des Elo-
ges que méritoit cette découverte ,
& des utilités dont elle ſeroit deſor-
mais pour les Navigateurs.

Il eſt vrai que le Chevalier Newton , & quelques Mathématiciens de
notre Iſle , conduits par des Regles
plus ſûres que les Opérations de
Mrs. Caſſini , étoient bien perſuadés
que la Terre avoit une figure tout
oppoſée à celle que ces Meſſieurs lui
donnoient. Quelques méditations
ſur les Expériences des Pendules
qu'ils avoient faites dans leur Cabi-
net ,

net , leur avoient fait trouver la vraye figure de la Terre , pendant que Mrs. Caſſini étoient allés en vain la chercher par Monts & par Vaux.

Le Gouvernement leur avoit prodigué tous les ſecours imaginables ; ils avoient dépenſé des ſommes immenſes pour meſurer tous les degrés de la France en long & en large ; & le réſultat de toutes ces Meſures étoit toujours QUE LA TERRE ÉTOIT ALLONGÉE.

Lorſque ce Miniſtre dont nous avons parlé, frappé de la grandeur de la découverte , & de l'utilité dont elle ſeroit pour la Navigation, préféra la ſûreté dans la déciſion de

cette

cette queſtion, à un faux point d'honneur que l'autorité eût pû ſoutenir encore quelque tems.

Il détermina le Roy à envoyer d'autres Mathématiciens que Mrs. Caſſini, les uns à l'Equateur, les autres au fond du Sein Botnique, pour faire des meſures plus déciſives que toutes celles qui avoient été faites.

VIII.

V I I I.

Etat où étoient les choses, lorsqu'on envoya au Pole & à l'Equateur, pour trouver la véritable figure de la Terre. Retour des Mathématiciens du Pole.

Mrs. Caſſini avoient triomphé pendant 35 ans. Ils avoient joui pendant tout ce tems de l'honneur & des louanges qui étoient duës à une ſi grande découverte. Il faut lire l'hiſtoire de l'Académie, pour voir comment eux & leur Ouvrage étoient célebrés. M. Jacques Caſ-

E

ſini

fini avoit donné le fameux & gros
Livre de la Grandeur et de la
Figure de la Terre, que l'Académie avoit adopté & voulu qu'il paſſât
pour ſonOuvrage. On trouvoit dans
ce Livre la figure & les dimenſions
de la Terre ; elle étoit un Spéroïde
allongé vers les Poles, dont l'Axe
étoit de 6579368 Toiſes, & le Dia-
metre de l'Equateur de 6510796.
Enfin, on y trouvoit une Table de
chaque degré du Méridien en toiſes
& en pieds.

Ces Ouvrages dont la dépenſe faiſoit connoître l'utilité, avoient reçû
le dernier ſceau de l'approbation par
les honneurs & les récompenſes dont

le

le Roy avoit comblé ceux qui les avoient executés.

Enfin toute la magnifique dépenſe des deux Voyages à l'Equateur & au Pole n'étoit faite que pour Mrs. Caſſini. Ce n'étoit que le poids de leurs meſures qui avoit empêché de croire que la Terre eût la figure que les Expériences des Pendules & les Loix de la Statique lui donnoient. C'étoient ces meſures de Mrs. Caſſini qui avoient fait envoyer tant d'habiles Gens au bout du Monde.

Les Mathématiciens du Nord revinrent. Mais à la grande conſternation de Mrs. Caſſini & de leur parti, ils avoient trouvé la Terre applatie.

E ij

Vous

Vous pouvez juger comment ils furent reçûs. Avoir été au bout du Monde pour en rapporter, quoi ? Que Mrs. Caſſini pendant 35 ans d'Opérations ſur la figure de la Terre, n'avoient trouvé que des abſurdités que l'Académie pendant trente-cinq ans avoit eu la bonté d'adopter. Que tout le gros Livre de la grandeur & de la figure de la Terre n'étoit plus qu'un Roman, auſſi ennuyeux pour les Lecteurs, que dangereux pour les Gens de mer. Que le Chevalier Newton & M. Huygens, ſans avoir fait la moindre dépenſe, avoient trouvé la vraye figure de la Terre, pendant que Mrs. Caſſini avoient fait

dépenſer

dépenfer à la France 30 ou 40 mille piéces pour la manquer.

Heureufement encore les Géographes ni les Pilotes ne s'étoient pas preffés de corriger leurs Cartes, ni leurs Regles, d'après la Terre allongée, malgré tout ce qu'avoient dit Mrs. Caffini pour leur en faire fentir la néceffité. Heureufement pour eux, ils n'avoient pas lû les Mémoires de l'Académie.

IX.

I X.

Autre fâcheuse nouvelle venant de l'Equateur ; & malheureuses suites de cette nouvelle. Déroute du parti de l'Allongement. Retractation de Mrs. Caßini.

VOus pouvez croire que Mrs. Caßini ne souscrivirent pas à l'Opération du Pole ; ils firent jouer contre elle tous les ressorts qu'un grand intérêt , la réputation , & le crédit peuvent faire agir ; & firent voir que si l'autorité ne peut pas absolument détruire des vérités Geo-
métriques ,

métriques , elle peut du moins les balancer , & leur porter de grandes atteintes ; peu s'en fallut qu'on ne prît M. de Maupertuis & ses Compagnons pour des imbéciles.

On ne sçait ce qui en seroit arrivé , lorsqu'on reçut du Perou une nouvelle presqu'aussi malheureuse que celle qu'ils avoient apportée. Les Mathématiciens envoyés à l'Equateur n'avoient point encore achevé la mesure de leur degré ; mais s'étant trouvé dans le voisinage de très-grosses Montagnes , ils avoient fait des Expériences sur l'Attraction , & mandoient à l'Académie qu'ils a-voient trouvé par des Observations

fort

fort exactes faites avec le fil à Plomb du Quart-de-Cercle, que ces Montagnes avoient une Attraction sensible.

C'étoit un nouveau triomphe pour le Chevalier Newton; & dès là une chose accablante pour tous les bons Cartésiens. Mais cette nouvelle avoit encore des suites plus fâcheuses pour ceux qui voyoient un peu plus clair dans l'influence, qu'à l'Attraction sur la figure de la Terre. Il est prouvé & facile à prouver que si l'Attraction mutuelle des parties de la matiére a lieu, il est impossible que la Terre ait une autre figure que celle d'un Sphéroïde applati.

Ces

Ces Mrs. du Perou annonçoient
donc à l'Académie une nouvelle pire
que l'autre ; parce qu'elle contenoit
l'applatiſſement de la Terre, & encore de plus, l'Attraction. La Terre
pourroit être applatie ſans qu'il y eût
d'Attraction dans la Nature ; mais il
ne ſçauroit y avoir d'Attraction ſans
que la Terre ſoit applatie. Il courut
même un bruit que M. Godin au
Perou avoit déja trouvé par quelques meſures la Terre applatie. Cette nouvelle jetta tout le parti de l'A-
longement de la Terre dans l'allar-
me ; Meſſieurs Caſſini qui juſques-là
avoient ſoutenu leur ſentiment avec
beaucoup de courage, perdirent la

F   tête,

tête , & crurent tout perdu.

On croit que s'ils avoient tenu ferme & qu'ils ne fe fuſſent pas laiſſés effrayer , ils avoient aſſez de bons amis à la Cour & à l'Académie pour faire maintenir la Terre dans ſon Allongement , quelque démonſtration qui fût venue du Pole ou du Perou ; & tous les Caffés étoient pleins de gens qui auroient foutenu la Terre allongée comme un Concombre, s'il l'avoit fallu.

Mais quand les Chefs d'une armée ne connoiſſent pas leurs forces & ſe laiſſent entraîner par la peur, c'eſt en vain que les Subalternes veulent rallier les Troupes , & font des prodiges

diges de valeur ; la défaite par ces efforts n'en eſt qu'un peu retardée ; & il faut que tout ſubiſſe la loi du Vainqueur.

On eut dit que Meſſieurs Caſſini croyoient avoir ſans ceſſe devant les yeux les Miniſtres qui leur reprochoient les dépenſes immenſes qu'ils avoient couté à l'Etat pour des billeveſées , & tous les Sçavants de l'Europe qui examinoient leurs Opérations.

Dans une ſi grande conſternation , tout ce que purent faire Mrs. Caſſini , ce fut de tâcher de ſe ménager une retraite, c'eſt-à-dire, une retractation la moins honteuſe qu'il fût poſſible.

poſſible. Ils demanderent en grace au Miniſtre de faire encore une ſep‑ tiéme Opération. Sur quoi l'on ne peut aſſez admirer la magnificence & la patience des Miniſtres de Fran‑ ce pour les Sçavants ; car il eſt cer‑ tain que ſi Mrs. Caſſini euſſent fait une ſemblable propoſition à Robert Walpole, il les eut envoyé promener. Mais Mrs. Caſſini obtinrent ce qu'ils demandoient ; & il eſt à croire que le Miniſtere favoriſoit lui-même les bonnes intentions où l'on voyoit qu'ils étoient.

Ils entreprirent cette ſeptiéme Me‑ ſure ; mais ce n'étoient plus ces Caſſini d'autre fois , qui avoient meſuré la

France

France avec tant d'éclat , & qui
avoient décidé en ſouverains Arbi-
tres , de la figure de la Terre. Pour
cette fois M. Caſſini le fils partit mo-
deſtement ſuivi ſeulement de quelques Domeſtiques.

Il fut bientôt de retour ; & apprit
à l'Aſſemblée publique de l'Académie le 27. Avril 1740. QUE LA
TERRE ÉTOIT APPLATIE.

X.

X.

Ce que Mrs. Cassini auroient à faire en cas qu'on trouvât au Perou la Terre allongée.

IL est vrai que si les Gens du Perou (car l'expérience a appris que
tout est possible sur cette Question)
alloient trouver la Terre allongée ,
il y auroit pour Mrs. Cassini de quoi
se pendre , pour avoir été si promp-
tement se rétracter au bout de quarante ans , au lieu d'avoir attendu du
moins jusqu'à ce qu'il y eût le demi-
siécle.

Cependant il y auroit encore dans

ce

ce cas une reffource , qui feroit de faire une huitiéme Opération , & de retrouver la Terre allongée. Mais il eft à craindre que cette malheureufe Opération , par laquelle ils viennent de trouver la Terre applatie , ne fît toujours beaucoup de tort à la certitude de leurs mefures , & à la force qu'avoit l'accord de fix Opérations confécutives.

On peut remarquer ici quel feroit le malheur de Mrs.Caffini fi cela arrivoit ; je vous ai fait voir Art. VI. combien il étoit vraifemblable que c'étoit l'envie de trouver la Terre applatie , qui la leur avoit fait trouver allongée par un QUIPROQUO de Geométrie.

trie. Leur premiére erreur d'où s'en-
fuivirent toutes les autres , vint pro-
bablement de la complaifance qu'ils
avoient pour le fentiment de Mrs.
Newton & Huygens. Ici malgré toute l'oppofition qu'ils ont fait paroî-
tre contre l'Opération du Pole , il
eft plus que vraifemblable que c'eft
la complaifance qu'ils ont eue pour
M. de Maupertuis , qui les a fait fe
rétracter ; fi après tout cela on venoit
du Perou, leur dire qu'il faut trouver
la Terre allongée , quel parti pour-
roient-ils prendre ?

XI.

X I.

De quelle maniere s'eſt comporté M. Caſſini dans ſa Rétractation.

LA premiere Opération de Mrs. Caſſini, leur ayant donné la Ter-re allongée, nous avons vû Art. VI. juſqu'où ils avoient porté le zele pour l'honneur de l'Aſtronomie & le reſpect pour leurs Parents. Mais les malheurs ſouvent éteignent la vertu, même dans les cœurs les mieux diſ-poſés.

On vit dans le Diſcours qui fut lû dans l'Aſſemblée publique de l'Aca-démie un Exemple de ce que nous

G   diſons.

difons. On vit M. Caffini démentir toutes les Opérations de fon pere & de fon grand-pere , fans feulement citer leurs noms, ni leurs Ouvrages, ce qu'il n'eut pas pû refufer aux moindres Auteurs qui auroient tra-vaillé avant lui fur cette matiére.

Il foutint l'applatiffement de la Terre en préfence de fon propre pere, fans dire un mot de tout ce que ce grand Aftronome avoit fait, & eut la même dureté pour fes propres Opérations.

Les intérêts de l'Aftronomie furent encore plus mal menagés. Peut-être par un defir fecret de fauver l'honneur de fes Parents, & par un dernier fentiment d'amour propre, il

fit

fit tout ce qu'il put pour jetter des
doutes & de l'incertitude fur fon Art.
Peut-être, dit-il, les Etoiles ont-elles
des mouvements qui déconcertent
les Obfervations qui font néceffaires
pour la mefure des degrés ? Peut-être
la Terre a-t-elle des boffes & des ir-
régularités ? Enfin on le vit, au grand
fcandale de fon parti, avoir recours
jufqu'à l'Attraction des Montagnes,
pour emprunter d'elle des fources
d'erreur dans les Obfervations des
Etoiles.

G ij XII.

XII.

Ce que l'on pourroit faire de l'Obfer-
vatoire, en cas que ce qu'infinuent
Mrs. Caffini fût vrai.

IL eft étonnant que M. Caffini ait
ainfi voulu facrifier fon Art pour
fauver fon adreffe & celle de fes Parents. C'eft là le comble du défor-
dre & de la mifere. Car il eft évident
que fi les Etoiles fautent d'un lieu du
Ciel à l'autre ; que fi la Terre eft faite
comme une Truffe ; que fi les At-
tractions emportent le fil à Plomb ;
il n'y auroit rien de fi ridicule que
d'être Aftronome. Il n'y a qu'à faire

de

de l'Obfervatoire une Salle d'Opera ,
ou y établir une Manufacture pour
enchaîner des Pulces , comme on
fait à Nuremberg , art auquel les
François ne font point encore par-
venus, & dans lequel les Allemans
ont une grande fupériorité fur eux.

Quoique je ne faffe pas grand cas
de l'Aftronomie depuis que je vois
tout ce qui fe paffe entre les Aftronomes , l'équité cependant m'obli-
ge de vous affurer qu'aucune de ces
prétendues fources d'erreur, n'eft à
craindre, pourvû feulement que les
Aftronomes mettent à l'écart leur in-
térèt perfonnel , & ayent affez de
fcience & de foin.

Car

Car quant aux mouvements des Etoiles : le Docteur Bradley , homme fur la probité & le fçavoir de qui l'on peut compter, nous a appris quels étoient ces mouvements que M. Caffini voudroit faire craindre. Il nous a fait voir qu'on en peut tenir compte dans les Obfervations , & qu'ils ne troublent pas plus les Opérations néceffaires pour déterminer la figure de la Terre , que ne feroit le mouvement des Equinoxes.

Quant à l'irrégularité de la figure de la Terre ; on voit par les Eclipfes qu'elle n'a ni trous ni boffes. Et ce feroit une chofe qui couvriroit de honte Mrs. Caffini , s'ils avoient travaillé

vaillé quarante ans pour déterminer
une figure qui ne seroit pas détermi-
nable.

Enfin quant aux dérangements que
l'Attraction des Montagnes peut cau-
ser dans la direction du fil à Plomb ;
M. Cassini n'a pas pris garde que la
Montagne du Perou qui attire le fil à
Plomb d'un angle de 7 à 8 secondes
a trois milles de hauteur : qu'il faut
une telle Montagne, qui n'a peut-être
pas sa pareille au monde, pour que
son Attraction soit sensible ; & que
ces Montagnes ne font à craindre
que pour ceux qui n'auroient pas
d'assez bons yeux pour les apperce-
voir.

Mais

Mais enfin à quoi bon nous arrê-
ter à répondre à ces bagatelles. La
preuve qu'elles ne font point la cau-
fe des erreurs commifes dans les pre-
mieres mefures de Mrs. Caffini, c'eft
que la mefure qu'ils viennent de faire
dans le même Pays eft toute diffé-
rente, fans je crois, qu'ils ofent dire
que depuis quelques années les cam-
pagnes où ils ont mefuré ont changé
de figure & d'étendue.

XIII.

XIII.

Conclusion de tout ce qui s'est fait pour déterminer la figure de la Terre. Histoire du Boudin.

JE reviens à la figure de la Terre ; & je veux vous rassembler sous un seul point de vûe tout ce qui s'est fait en France sur cela.

Tous les Mathématiciens croyoient la Terre applatie vers les Poles, lorsque Mrs. Cassini par leurs mesures la trouverent allongée. Ils travaillerent pendant trente-cinq ans ; firent six Opérations pour prouver l'allongement de la Terre ; & l'utilité dont

H

étoit

étoit cette découverte pour la Navigation : ils dépenſerent des ſommes immenſes au Roi , & furent cauſe qu'on envoya des Mathématiciens juſqu'au Cercle Polaire , & à l'Equateur. Après tout cela on trouva que Mrs. Caſſini s'étoient trompés ; ils en convinrent eux-mêmes dans la quarantiéme année de leurs Opérations; & la Terre fut applatie , comme on l'avoit dit d'abord.

Quand je penſe à l'uſage que les Sçavants de France ont fait des ſecours immenſes qu'ils ont tirés du Gouvernement ; je ne puis m'empêcher de vous faire remarquer combien cette Hiſtoire reſſemble à celle

de

de cet homme & de fa femme qui, Ju-
piter leur ayant accordé les trois pre-
miers fouhaits qu'ils feroient , virent
le premier employé à faire tomber
fur leur table cent aunes de Boudin
que la femme demanda ; le fecond à
les attacher au nez de la femme comme le mari le fouhaita dans fa colere
de voir un fouhait fi mal placé ; le
troifiéme enfin & le feul raifonnable
leur fervit à détacher le Boudin, &
remettre les chofes comme elles
étoient auparavant.

H ij   XIV.

X I V.

Progrès des Sciences dans toute l'Europe.

VOILA donc l'applatiſſement de la Terre reconnu en France , même par Mrs. Caſſini ; & ſi quelqu'un y penſe encore que la Terre ſoit allongée , ce ſont quelques Enfans perdus de leur parti, qui ignorent leur Rétraction, ou qui ne peuvent la leur pardonner.

Cependant au-delà des Monts on craint déja les conſéquences de cette funeſte découverte. Les Jeſuites de Rome ſont aſſez profonds en Mathé-

matiques

matiques pour avoir vû que l'applatiſſement de la Terre ſeroit une forte
preuve de ſon mouvement ; & ce
mouvement, comme tout le monde
ſçait , eſt une Héréſie condamnée.
Ils viennent de faire un ſçavant Ouvrage * dans lequel ils font craindre
que cette Opinion ne s'établiſſe, &
concluent de ce danger que toutes
les meſures de la Terre ne ſçauroient
déterminer ſa figure. C'eſt un Ouvrage curieux dans lequel on peut
prendre une juſte idée du progrès
que les Sciences ont fait en Italie ; &
il eſt à croire que ſi Mrs. Caſſini l'a-

* *Differt. de Tellur. fig. habit. in Sem. Rom.
Societ. Jeſu.*

voient

voient lû avant leur Rétraction , &
avoient bien refléchi fur toutes les
conféquences de l'applatiffement de
la Terre, ils ne fe feroient pas tant
preffés de fe rétracter.

Quant à M. de Maupertuis , je
vous ai fans doute laiffé en peine
pour lui , lorfque je vous ai dit qu'il
avoit rapporté du Pole la nouvelle
de l'applatiffement de la Terre. Ses
affaires ont tourné plus heureufement
qu'on ne pouvoit l'efperer ; & l'on
peut voir par là combien l'Efprit
Philofophique, & la liberté de penfer
s'introduifent dans le monde. Jadis
on excommunia ceux qui avoient
découvert les Antipodes : il n'y a

pas

pas plus d'un fiécle qu'on penfa brû-
ler Galilée pour avoir dit que la
Terre tournoit. M. de Maupertuis
vient de prouver que la Terre a une
figure d'où s'enfuivent non feulement
les Antipodes , mais encore que la
Terre tourne. Il a été mal reçû, chi-
canné , perfecuté; mais enfin il n'a
été ni brûlé ni excommunié. Il vit
avec les Cardinaux & les Miniftres ;
& le Roi même l'a honoré de fes
bienfaits.

F I N.

TABLE
DES
ARTICLES.

I

Fin de la Table.